THIS BOOK BELONGS TO:

____

____

____

____

Persnickety Passwords

Introduction

The best way to protect your password is to have a unique one for each website. Most require a capital letter, lowercase letter, number and special character. The best method is to not employ a method. Do not have a pattern or use personal names, addresses or important dates.

There are only three pieces of information to log: (1) website (2) user ID and (3) password. I provided a notes section on the left page throughout. Some may use it to enter an email address while others might wish to write down secret Q & A. The note section can also be used to remind yourself why you have each account in the first place!

Key:

Website

User ID

Password

Notes

Notes

#

W	
U	
P	

W	
U	
P	

W	
U	
P	

W	
U	
P	

W	
U	
P	

Notes

A

W	
U	
P	

W	
U	
P	

W	
U	
P	

W	
U	
P	

W	
U	
P	

Notes

A

W	
U	
P	

W	
U	
P	

W	
U	
P	

W	
U	
P	

W	
U	
P	

Notes

B

W	
U	
P	

W	
U	
P	

W	
U	
P	

W	
U	
P	

W	
U	
P	

Notes

B

W	
U	
P	

W	
U	
P	

W	
U	
P	

W	
U	
P	

W	
U	
P	

Notes

C

W	
U	
P	

W	
U	
P	

W	
U	
P	

W	
U	
P	

W	
U	
P	

Notes

C

W	
U	
P	

W	
U	
P	

W	
U	
P	

W	
U	
P	

W	
U	
P	

Notes

D

W	
U	
P	

W	
U	
P	

W	
U	
P	

W	
U	
P	

W	
U	
P	

Notes

D

W	
U	
P	

W	
U	
P	

W	
U	
P	

W	
U	
P	

W	
U	
P	

Notes

E

W	
U	
P	

W	
U	
P	

W	
U	
P	

W	
U	
P	

W	
U	
P	

Notes

E

W	
U	
P	

W	
U	
P	

W	
U	
P	

W	
U	
P	

W	
U	
P	

Notes

F

W	
U	
P	

W	
U	
P	

W	
U	
P	

W	
U	
P	

W	
U	
P	

Notes

F

W	
U	
P	

W	
U	
P	

W	
U	
P	

W	
U	
P	

W	
U	
P	

Notes

G

W	
U	
P	

W	
U	
P	

W	
U	
P	

W	
U	
P	

W	
U	
P	

Notes

G

W	
U	
P	

W	
U	
P	

W	
U	
P	

W	
U	
P	

W	
U	
P	

Notes

H

W	
U	
P	

W	
U	
P	

W	
U	
P	

W	
U	
P	

W	
U	
P	

Notes

H

W	
U	
P	

W	
U	
P	

W	
U	
P	

W	
U	
P	

W	
U	
P	

Notes

I

W	
U	
P	

W	
U	
P	

W	
U	
P	

W	
U	
P	

W	
U	
P	

Notes

I

W	
U	
P	

W	
U	
P	

W	
U	
P	

W	
U	
P	

W	
U	
P	

Notes

W	
U	
P	

W	
U	
P	

W	
U	
P	

W	
U	
P	

W	
U	
P	

Notes

J

W	
U	
P	

W	
U	
P	

W	
U	
P	

W	
U	
P	

W	
U	
P	

Notes

K

W	
U	
P	

W	
U	
P	

W	
U	
P	

W	
U	
P	

W	
U	
P	

Notes

K

W	
U	
P	

W	
U	
P	

W	
U	
P	

W	
U	
P	

W	
U	
P	

Notes

L

W	
U	
P	

W	
U	
P	

W	
U	
P	

W	
U	
P	

W	
U	
P	

Notes

L

W	
U	
P	

W	
U	
P	

W	
U	
P	

W	
U	
P	

W	
U	
P	

Notes

M

W	
U	
P	

W	
U	
P	

W	
U	
P	

W	
U	
P	

W	
U	
P	

Notes

M

W	
U	
P	

W	
U	
P	

W	
U	
P	

W	
U	
P	

W	
U	
P	

Notes

N

W	
U	
P	

W	
U	
P	

W	
U	
P	

W	
U	
P	

W	
U	
P	

Notes

N

W	
U	
P	

W	
U	
P	

W	
U	
P	

W	
U	
P	

W	
U	
P	

Notes

O

W	
U	
P	

W	
U	
P	

W	
U	
P	

W	
U	
P	

W	
U	
P	

Notes

O

W	
U	
P	

W	
U	
P	

W	
U	
P	

W	
U	
P	

W	
U	
P	

Notes

P

W	
U	
P	

W	
U	
P	

W	
U	
P	

W	
U	
P	

W	
U	
P	

Notes

P

W	
U	
P	

W	
U	
P	

W	
U	
P	

W	
U	
P	

W	
U	
P	

Notes

Q

W	
U	
P	

W	
U	
P	

W	
U	
P	

W	
U	
P	

W	
U	
P	

Notes

Q

W	
U	
P	

W	
U	
P	

W	
U	
P	

W	
U	
P	

W	
U	
P	

Notes

R

W	
U	
P	

W	
U	
P	

W	
U	
P	

W	
U	
P	

W	
U	
P	

Notes

R

W	
U	
P	

W	
U	
P	

W	
U	
P	

W	
U	
P	

W	
U	
P	

Notes

S

W	
U	
P	

W	
U	
P	

W	
U	
P	

W	
U	
P	

W	
U	
P	

Notes

S

W	
U	
P	

W	
U	
P	

W	
U	
P	

W	
U	
P	

W	
U	
P	

Notes

T

W	
U	
P	

W	
U	
P	

W	
U	
P	

W	
U	
P	

W	
U	
P	

Notes

T

W	
U	
P	

W	
U	
P	

W	
U	
P	

W	
U	
P	

W	
U	
P	

Notes

U

W	
U	
P	

W	
U	
P	

W	
U	
P	

W	
U	
P	

W	
U	
P	

Notes

V

W	
U	
P	

W	
U	
P	

W	
U	
P	

W	
U	
P	

W	
U	
P	

Notes

W

W	
U	
P	

W	
U	
P	

W	
U	
P	

W	
U	
P	

W	
U	
P	

Notes

X

W	
U	
P	

W	
U	
P	

W	
U	
P	

W	
U	
P	

W	
U	
P	

Notes

Y

W	
U	
P	

W	
U	
P	

W	
U	
P	

W	
U	
P	

W	
U	
P	

Notes

Z

W	
U	
P	

W	
U	
P	

W	
U	
P	

W	
U	
P	

W	
U	
P	

Notes

www.ingramcontent.com/pod-product-compliance
Lightning Source LLC
La Vergne TN
LVHW020011170826
845677LV00022B/2455

* 9 7 9 8 7 4 6 6 3 1 8 9 3 *